Del paso del tiempo

Paco Alcaide

Del paso del tiempo

Sótano Ediciones

© Paco Alcaide Zafra, 2025
© Sótano Ediciones, 2025
© Del prólogo: Rafaela Hames Castillo
© De la ilustración de portada: Antonio Guerra Álvarez
© De las ilustraciones interiores: Pablo Portero Sánchez - Crespo
© Diseño: Rafael Castillejo

Primera edición en Sótano Ediciones: abril de 2025

SÓTANO EDICIONES
Dirección literaria: Rafael Moya

SÓTANO EDICIONES
Dirección editorial: Rafael Moya

I.S.B.N.: 978-84-127703-7-7
Depósito Legal: CO 792-2025

Hecho e impreso en España - Made and printed in Spain

"Cinco minutos bastan para soñar toda una vida, así de relativo es el tiempo"

Mario Benedetti

PRÓLOGO

Me participa mi estimado amigo Paco Alcaide una muy feliz noticia al hacerme saber que, finalmente, animado por su editor Rafael Moya y la entrañable poeta Sole Raya, se ha decidido a publicar su ópera prima y me propone, además, llevar a cabo el prólogo que con gran ilusión y más que agradecida por su confianza, realizo.

Del paso del tiempo es su título y abarca un conjunto de cincuenta y cinco poemas estructurados en cuatro apartados de cuyo contenido, su autor, nos da noticia con muy sugestivas pinceladas y con un lenguaje que tras su apariencia sencilla, nos lanza un trascendente mensaje cuya vibración irá multiplicando su eco en todas nuestras capacidades sensoriales e intuitivas hasta asentarse plácidamente en nuestro subconsciente, donde expandirán su textura, aroma, paisaje y sabor en cada verso. Versos libres, ágiles, cargados de significados y significantes que nos llevarán en un inusitado recorrido a transitar, explorar, percibir, sentir y asentir paisajes donde veremos reflejada nuestra propia orografía emocional y sentimental conformada por nuestro propio viaje en este Paso del Tiempo que a todas y todos nos surca, tatúa y recorre.

Es, pues, un contenido hondamente reflexivo y desbordado de belleza, profunda sensibilidad, sabiduría, aceptación, pero también ferozmente crítico contra los aspectos crueles e implacables del ser humano. Un texto que nace directamente de lo perentorio de la expresión, de la pulsión de la escritura como resorte imprescindible en una personalidad que precisa de ella como los pulmones del aire para respirar, para poder explicarse el mundo exterior y sus efectos en el interior en toda su magnitud.

Inevitable y felizmente, hay meta-poesía en *Del paso del tiempo*, donde nos habla de los poetas, de la inspiración, de la compañía o presencia de la poesía ennobleciendo los momentos vitales y dándoles sentido definiendo así uno de los matices de la actitud de crear.

Hallaremos en *Del paso del tiempo* ingeniosos desplazamientos conceptuales para descomponer el lenguaje y crear, a partir de ello, fuertes imágenes expresivas tomando como referencia meros objetos tangibles, domésticos pero llenos de contenidos abstractos.

Un ejemplo de ello podemos encontrarlo en el poema *Tregua al llanto*:

sonrisas mustias en el jardín del lamento

dolor constante en el sillón del tedio

En su primer apartado, *Hablemos del tiempo*, nos advierte sobre su propio juego de contrarios: su quietud y su premura, su impronta desmedida y sus lejanos confines, el prodigio de latir en él como luces que titilan con el mero objetivo y ansia de iluminar, así la pulsión de la vida apenas sin percatarnos de nuestra mera condición de ser.

Poemas como *Miradas* hacen una magistral referencia a esa intangible sustancia de la que el tiempo está hecho pues bajo la fugacidad de un solo parpadeo, nos da a entender el poeta, donde generaciones y naturalezas de miradas se sostienen con la enorme carga vital que puede contenerse en ellas para bien y/o para mal en la mínima fracción de tiempo que duran, se halla el vastísimo contenido de las mismas que conforma toda una trayectoria:

Miradas...

pequeños trozos de vida,

millones de historias contadas.

Como ejemplo de presencia de meta-poesía y de lo perentorio de la expresión, en *Versos que me piden paso* homenajea Paco Alcaide, a grandes de la literatura española y universal, grandes maestros de poesía y vida:

La poesía es alma de consuelo

para seres minoritarios,

caballeros que imaginan dulcineas

entre molinos con grandes brazos,

machadianos solitarios que recogen

los vientos de Castilla congelados,

lorquianos que alzan la voz

cuando fusilan con balas doradas

el sentimiento encontrado,

realistas de la verdad, que pasa

y a veces, sin querer,

convierte un gracioso burrito

en un galante asno.

Casi todos los poemas nombran la hora en su estricto significado. Confronta el poeta el ritmo acelerado y la exigencia a la vida en la edad productiva, la esencia del *tempus fugit* con el tiempo depositado en aquellos que llegan a la ancianidad repletos de tiempo, llenos de todas aquellas marcas que éste dejó en su existencia corpórea e incorpórea. Por ejemplo, en el poema *El tren de tu mirada* nos encontraremos con la nostalgia, la lluvia presente como alegoría del recuerdo y la evocación.

Nos hallamos igualmente ante la explosión de vida que representa el verano, ajeno a cualquier circunstancia, con el poema *Nacen los poetas en julio*: es el festejo de la plenitud *Julio acaricia las horas entre suspiros y lamentos*. El verano es momento para poner jovialidad, entusiasmo, esperanza en todo, incluso en el dolor porque, lleno como está de luz, no puede sino la exacerbación del calor, impulsar la sangre del mundo y dar toda la importancia al presente como única y fugitiva posesión.

Por otro lado, *Del paso del tiempo* hace justo elogio del otoño como momento propicio para recolectar los frutos de la experiencia tatuados en el ser con tinta de melancolía con que escribir versos.

Nos hallamos ante *El día que dije no*, un poema revelador y rebelde que representa esa madurez alcanzada por cierto dolor de la vida en esa imperfección que nos hace humanos:

Hay siestas que juntan minutos

y en noches alcanzan sus metas,

amaneceres de media jornada

y bostezos a jornada completa;

justicias que solo justifican

la rocosa injusticia del sistema.

La necesidad de buscar tiempo, el tiempo propio, el encuentro con uno mismo y la presencia del agua como elemento a través del cual transcurrir en esa urgente búsqueda, palpitan en la cadencia de los versos a la vez que la nostalgia es una constante. Acaso es la consciencia absoluta, literal, del transcurso del tiempo en su única, irrevocable dirección; saber, sin ningún tipo de adorno o rodeo, cada célula del ser, cuan tajante es la condición del tiempo en sus vivencias, estados, momentos pasados y por tanto irrecuperables, irrepetibles.

En su segunda parte, *Vientos que desgarran*, existe una gran variedad temática: nostalgia, desamor, meta-poesía y hecho creativo, actitudes humanas, amistad y renovación entre otros. Cabe destacar la presencia del cristal y de la lluvia como vehículos cuya transparencia da mayor nitidez para contemplar el delicado paisaje emocional que conforma su temática.

La desesperación y la tristeza extrema que dan lugar al suicidio forman parte también de este apartado donde son tratados con exquisito tacto y empatía en el poema *Y voló*:

Y voló, claro que voló:

sintió un deseo y saltó

al vacío de la madrugada

sin discursos ni despedidas.

escuchó una voz, una llamada....

La expectación, la incertidumbre ante el devenir de cada día, la impotencia, la conjetura, el anhelo, la desesperanza, la herida del latido, son temas abordados bajo una honda reflexión sobre la paz interior porque tal vez, esos vientos que desgarran arrastren candentes partículas procedentes de lejanas dunas, componentes de nefastas derivaciones en las que pugnen nuestros egos, siendo que la solución está en la mirada interior ante el espejo de la humildad.

Se hace eco, asimismo, de la preocupación por los cambios en el paisaje con origen en el cambio climático con el poema *Cántico a la pena mía*; manifiestamente contra las guerras, es el emotivo poema *Y de repente*; en *Estúpidos imperfectos* podemos asistir a la lineal policromía de condiciones humanas en el tiempo, situadas en el momento del comienzo del nuevo día:

Amanece de nuevo

en el mundo de los imperfectos....

Pero a pesar de todo, amanece,

como cada día,

alumbra de imperfecciones un sol silente

escondido entre matorrales....

Los estúpidos imperfectos que luchan

y ahogan sus penas en la fantasía

de poner nombre al horizonte.

Es de destacar la apelación a la humildad, al reconocimiento de la otredad, a la empatía y los valores humanos que nos acercan equidistantes de esos otros intereses egoístas que nos aíslan y segregan:

hombre humano racional

de todo esto...

tengo mucho que dudar

La posición ocupada en la vida, en el mundo, sosteniéndose en la existencia como por un potente ejercicio de equilibrio sobre una incierta cuerda floja cuyo destino final y origen se adivinan como misterio resuenan a lo largo de todo este apartado.

En *Salta el amor por el acantilado*, su tercer apartado, nos hallamos frente al duelo ante el desencanto con el poema *Amor imperfecto* o bien la pérdida del amor que nunca deja de producir amarga, triste, sombría sorpresa.

Se aborda, en este apartado no sólo el amor romántico pues en *No dejes de soñar* o *En el borde de un sentimiento*, ambos dedicados a su madre, topamos con la pura ternura plasmada en palabra, un ejercicio de magia para transformar los estragos del tiempo transcurrido en hermosura y plenitud presente; un poema,

En el borde de un sentimiento, de gran tensión emotiva que se debate entre tristeza y alegría, lamento y celebración pues el tesoro emotivo, materializado en presencia del ser amado, impone una realidad llena de agasajo y gratitud sin que esto quiera decir que soslaya la melancolía.

La ensoñación, la espera, la templanza se dan cita en *La niña María*. Está presente también el surrealismo en este poemario perfectamente engarzado con lo tangible y manifiesto para ofrecernos un poema cargado de sugerentes y sugestivas imágenes que no vienen sino a reforzar la hondura de su discurso como es *Razón de más*.

Es, este apartado, una oda al amor y al desamor, las dos caras de una misma moneda tan íntimamente relacionadas que pareciera no pudiera existir la una sin la otra. Se cita la infidelidad consumada, tanto materialmente como de pensamiento, como uno de los aspectos del desamor. Dos caleidoscópicos extremos en cuyas inmediaciones el ser humano se pierde, se halla, se debate, sufre y disfruta a merced de su inerme condición ante tamaño y poderoso sentimiento.

Quise amar como nunca

y lamentarme como siempre

Su última parte, *Luces y sombras* viene a ser una propuesta de quietud, silencio elocuente, esencial, como conducta para acceder a la fuente primordial del ser y el estar. La importancia de reconocerse a sí mismo enfrentándose a su realidad y a sus espejismos, a sus éxitos y a sus derrotas, a sus temores y debilidades y a su ánimo y valentía para conducirse a partir de su autenticidad a través de la superación personal estableciendo el necesario punto de equilibrio y también de frescor donde reconocernos perfectos y también imperfectos en proceso siempre de mejora, ocupándonos de acendrar la propia condición y hallar la paz personal en las inmediaciones de nuestras zozobras.

Existe un lugar cargado de soles

donde paramos el tiempo de las derrotas.

Mirar a los ojos de las imperfecciones

abre las puertas del paraíso.

Es *Del paso del tiempo* un diagnóstico del ser humano, pesimista y a la vez resignado, una crítica de la crueldad, las traiciones de todo tipo, la doblez, la ignorancia, la intolerancia y como determinados quedan los males que nos aquejan, también nos aporta el remedio a partir de la escucha, del ejercicio de la empatía y sobre todo de la humildad.

La poesía abrillanta el cristal

que empañan los necios

Sin duda, *Del paso del tiempo*, esta ópera prima que Paco Alcaide nos ofrece, nos abre a un ritmo ágil y libérrimo -lo que no quiere decir que esté exento de disciplina-bellísimos senderos en los que, guiados por la generosa mano de la humildad que se alza en sus versos con todo el poder de una maga ancestral, sabia y telúrica, hallaremos momentos exquisitos en los que nos viviremos a nosotros mismos en todas nuestras edades y circunstancias rescatando frescura, ganas y entusiasmo ante lo sencillo de la vida, de las abisales profundidades de nuestra memoria.

Agradecemos ¡Qué duda cabe! Esta feliz decisión materializada gracias a Editorial Sótano Ediciones, al cuidado de Rafael Moya y esperamos que sea el primer paso de un larguísimo itinerario donde versos, estrofas, espíritu, vida y andadura vayan unidos con el álito de armonía que reina en *Del paso del tiempo* y a la vuelta de los días, sean los que sean, Paco Alcaide nos vuelva a obsequiar con nuevas obras.

Ser feliz es de mentes humildes.

Rafaela Hames Castillo

HABLEMOS DEL TIEMPO

El tiempo y la impronta desmedida de sus agravios. Su quietud y premura se afanan en reflexionar mas allá de sus confines. Y en el horizonte... los días siguen avanzando con torpes sandalias de inconformismos.

DEL PASO DEL TIEMPO

Se hace frío y álgido en su pesar
ese tibio escalofrío que merodea la duda
y hechiza las horas sigilosas
que siento, embarrado de nostalgia,
como yacen los recuerdos
en la gelidez de lo sombrío.

Del paso del tiempo;
quiero hablarte de la libertad
de poder imaginar que estas letras
nacieron para ser escuchadas,
que estas manos,
convulsas por la rigidez de mi obstinación
fueron capaces de tocar
el cielo de los aplausos,
que estos ojos, consumidos por el llanto,
tuvieron su fecundidad
amando las horas pasar.

Del paso del tiempo;
de la agreste comedia que representa,
del desfile de ocres intenciones,
de la fiesta que invita a sus miembros
a licuar el alcohol de sus venas
y beberlo sorbo a sorbo.

Cuando me haya de morir,
seguro un día cualquiera,
cuando me llame la luz
tras la ceguera de mis derrotas,
acomoda tu lágrima confusa
y enciende la llama de tu consuelo.
Inevitablemente
hablaremos del paso del tiempo
mientras tomamos distendidos
un bonito sorbo de realidad.

MIRADAS

Trasiega la hebra en el ovillo
que vestirá de azul la dulce dama, enhebra
y ensarta de finos trazos
la aguja que coserá la pared manchada,
delineará con pinceles de seda
los rasgos que delimitan tu cara,
agotando de arrugas los años
que sestean bajo tus pestañas,
vestigios que arropan al tiempo
y duermen en el fondo de tu mirada.

Miradas...
siempre habrá miradas
que delaten la profundidad del alma,
arrebatadoras, tentadoras, crueles
ante la proximidad de la nada,
esquivas al dolor, duras y promiscuas
como el deseo de volar sin alas,
cariñosas, tímidas e indiferentes
como son las respuestas selladas.

Miradas...
siempre encontrarás miradas
en el silencio de la madrugada,
escondidas bajo la bruma
en el cristal de una lente opaca,
extraviadas, lascivas e iracundas
altivas, amorosas, burlonas y lánguidas,
fulminantes, extrañas, rápidas y brillantes
como el rayo que declina tras la montaña,
tenebrosas, lúgubres y tristes
como la muerte afilando su guadaña.
Miradas...
un deseo perceptible en el aire,
una pausa de amor bajo las sábanas.

Miradas...
pequeños trozos de vida,
millones de historias contadas.

VERSOS QUE ME PIDEN PASO

No entienden de horas
los versos que me piden paso,
construyen sus pilares de momentos,
instantes y emociones que van llegando,
ecos de voces agrietadas
lágrimas convertidas en llantos,
risas que adornan y enriquecen
el espíritu de un poeta raro.

La poesía es alma de consuelo
para seres minoritarios,
caballeros que imaginan dulcineas
entre molinos con grandes brazos,
machadianos solitarios que recogen
los vientos de Castilla congelados,
lorquianos que alzan la voz
cuando fusilan con balas doradas
el sentimiento encontrado,
realistas de la verdad, que pasa
y a veces, sin querer,
convierte un gracioso burrito
en un galante asno.

La poesía camina entre juglares
asiduos trovadores del bardo,
locos poetas exiguos de vanidades
filántropos mensajeros de lo mundano.
Sinfonía de bellas notas
coro de rimas en el canto,
bálsamo para expertos, sumisos,
tiernos y locos exiliados.
Es brisa de la mañana
que empaña de luz el abecedario,
voz justiciera en la sombra
que dejan las hojas de nuestro árbol.

Poesía, hermana pequeña del arte
de adornar estrofas sin agravios.

UNA HORA

Una hora, solo tienes una hora
para inventar sueños, una hora
para cumplir promesas, una hora
para dejar que las palabras
encuentren su sitio y se acomoden
en este papel en blanco.

Desmesurados corremos nuestra suerte
en maratones de prisas y desacatos,
surcamos el aire en veleros
que impiden sentir su aliento, leemos,
bueno, "leemos" las noticias de pasada
omitiendo tildes y acentos,
tiramos piedras con fuerza desmesurada
al tejado que ayer fue nuestro,
cortamos a tirones desproporcionados
los frutos que fueron nuestro sustento,
huimos, corremos, sin mirar hacia atrás
la belleza que nos proporciona
caminar a paso lento
y escuchar como la vida te susurra
y acaricia las agujas
que detienen el tiempo.

Una hora, ¡solo tienes una hora!
—gritó el director en la redacción.
Y volvieron los apremios,
las prisas y los amagos,
lo importante... una hoja repleta
de palabras desnudas
e ideas envueltas
en bonito papel de regalo.

DICEN LOS VIEJOS

Dicen los viejos ajados en años
esculpidos en batallas
de senderos inhóspitos,
murmuran las mozas
en edad renacentista
enredando su voz
entre ovillos de recuerdos,
dicen y hablan silbando sonidos
masticando momentos
entre dientes enlutados,
dicen, silentes y escarpados
con cayados agrietados
y párpados caídos,
relatan, asientan y suspiran
cortos retazos de emociones
inmersos en abatidos corazones
mientras descansan en el andén solitario
de la última estación de su vida.

Miran perplejas las cigüeñas
desde sus ingrávidos nidos
las manos arrugadas
pisadas cansadas y
cabezas despobladas
de los viejos henchidos en años,
memorias que izan banderas
y apellidan batallas
difíciles de olvidar.

Colocan los viejos completos de llanto
palabras impostadas en boca de otros
que, tristemente, apagaron su llama
silenciando su discurso por la edad.

EL TREN DE TU MIRADA

Llueve;
una mañana más
vuelven a mojar de recuerdos
las incesantes gotas de lluvia
que viajan por mi niñez,
cristales empapados en vaho
opacos y ausentes de luz,
invitan a dibujar en su cuerpo
pueriles historias de amor,
salpicando de gloriosos momentos
el cauce seco de mis lágrimas,
como aves que migran su vuelo
y regresan de nuevo
a la nostalgia de su hogar.

Desearía
arrojar por el puente del olvido
los incesantes recuerdos que dejaste
junto a mi almohada,
cortar las alas de la nostalgia,
parar el tren de tu mirada
que todos los días,
a la hora en punto
arriba a la estación de mi memoria.

¿Sabes?
Mis sábanas,
arrugadas y mojadas de anhelos guardan
en los pliegues de mis añoranzas
el olor a tierra mojada.

Mi primera canción,
mi primer verso,
mi primer amor.

NACEN LOS POETAS EN JULIO

Julio nos recibe sin compasión.
Aguerrido y desafiante en el calendario
abre la coctelera con amplias tardes
y encierra, en noches eternas,
el ruido de fiestas paganas
que toman cuerpo
acunadas por los gritos del alcohol.

Julio inventa armonías,
desgrava tristezas,
escribe sudores y
empapa de vivencias
las arrugas del trabajador,
del viejo que narra sus recuerdos
a la sombra de una terraza discreta,
de la niña que acalorada saborea
su frágil helado de fresa,
de la siesta tras la comida
bajo un fuego abrasador,
declina , esconde sus alas
y duerme entre ronquidos
la letanía que regala el estío.
Julio, descalzo y con poderío,
pliega la capa y espera
sin miedo a equivocarse,
que tras el jardín floreciente de primaveras
vuelvan a copular las avispas
en panales labrados de fervor.

Julio acaricia las horas
entre suspiros y lamentos,
se pone el bañador de rayas
y espera
bajo la luz de la luna
que los versos fluyan
un año más.

Nacen los poetas en Julio...
¿Te acuerdas?

REGALOS

Regalo los sueños de mi luna
al impostor que mancille su nobleza,
perdí su estela entre gotas de rocío
para recuperar, recuperar quisiera
la luz que adorna mis miedos
allá cuando se apaguen las velas.

Regalo los sueños de mi luna
como una mañana cualquiera,
círculos dibujo en las órbitas
de mis ojos preñados de ideas,
mas has de saber
que es prenda prestada de día
y en penumbra fielmente devuelta.

Regalo los sueños de mi luna
que perdí entre sábanas inquietas,
arrugados quedaron los pliegues
como cartones secados en impaciencia.
Silencio, escucha de nuevo el silencio
que necesita ahora mi luna
para recostar sus desvelos de seda.

Regalo los sueños de mi luna
entre bostezos de primaveras.
Es tarde para despedirla a besos
y pronto para abrirle la puerta.

Buenos días.

TRAS EL CRISTAL

Reflejas en el aire
las miradas que, tras el cristal
engullen el presente
con miedo a ser devoradas.

Extensa en luz,
una sonrisa inocua
soborna al estío.
Tras el cristal;
quiso el tiempo
preñarte de momentos,
blanquear de nieve tus ideas,
hilvanar la última tela
que, repleta de arrugas,
envuelva tu alma
de regreso a tu hogar.

¿Quien eres? ¿Te conozco?
Preguntaba al atardecer
una niña asomada
al balcón de su mirada.
Tras el cristal;
encaramados al pretil
lloraban de plenitud
unos ojos cansados de vivir.
Una mano se presentaba
al viento de la inocencia,
unos labios acaramelados
sesgaban de juventud
el vaho de su hálito,
jóvenes latidos acelerados
por la impronta del aprendizaje.

Tras el cristal;
duelen unas manos amparadas
por la vileza de un reloj inagotable,
grietas que brotan por los labios
como cauces de ríos desbordantes
de pasiones y tristezas.
Y unos ojos, quizá torpes para ver,
intentan descifrar,
tras el cristal,
cuánto ha evolucionado este alma
en este viaje llamado vida.

Sí, me conoces, —respondió-.
Te conozco, nos conocemos.
Asómate al cristal de nuevo,
cada tarde, cada verano
y adorna de inquietudes
un precioso instante
alterado solo
por las agujas del reloj.

Tras el cristal;
entre ayer y hoy...la plenitud.

DÍA DE OTOÑO

Es día de otoño. Hoy
percibo el aire entreabierto,
el húmedo olor a mojado que dejan
las hojas caídas
del árbol de mi huerto.
Es día de otoño. Lo siento dentro,
como abrigo la melancolía que me golpea
versando versos mientras muevo
el cisco ardiente de mi brasero.

Es día de otoño. Lo veo y admiro
el vuelo del ave que migra
huyendo del mísero frío, entiendo
su pronta partida y languidezco
susurrando al cielo que sea pronto
el regreso del trino y certero
la huella que deja el viandante
en su largo y angosto trecho.

Es día de otoño. Lo presiento
al ver pasar la musa y saber
que pronto nacerá un verso, atento
me dejo llevar por la rima, el tempo
que pasa en un discurrir
en un solo gritar de mi aliento.
Es día de otoño, ya invento
letras que salen de este alma
en este frío silencio.

Es día de otoño. Intento
educar mi melancolía en un pupitre
cargado de polvo espeso, enseño
los dientes agrietados y observo
tras los cristales cargados de lágrimas,
como navega mi vida en un velero
que suave ondea los mares
que mueve el timón del tiempo.

Es día de otoño.
¿Lo dudaste en algún momento?

EL DÍA QUE DIJE NO

Hay países a la espera
que naufraguen los alambres
que delimitan sus fronteras,
hay niños que recogen el polvo
en bolsillos agujereados
por las balas de sus guerras,
hay corrientes que izan banderas
adoctrinan al mundo a imagen
y semejanza de sus creencias,
hay vida tras el odio, tras la envidia,
tras la mirada perdida que dejan tus ojos
a escasos centímetros
de desatar la tupida venda.

Hay siestas que juntan minutos
y en noches alcanzan sus metas,
amaneceres de media jornada
y bostezos a jornada completa;
justicias que solo justifican
la rocosa injusticia del sistema.

El día que dije no
aceleré mi virtud con pedal de seda,
descubrí las crueles verdades
que precisaba contar
un arrepentido infiel a su pareja,
demoré la visita del político
hasta bien avanzados los cuarenta.
El día que dije no
hice mi suscripción a las letras,
engalané con farolillos de pasión
los encuentros con poetas,
estudié los versículos de sus rimas,
declamé al viento sus recetas,
conocí la orientación de mi brújula
que escondida se encontraba desierta.

El día que dije no
negué la negación con evidencia,
cargué de troncos mi velero
y puse rumbo a la desobediencia.

DUELE Y MUCHO

Duele, duele y mucho
el paso de los años
por la quinta avenida de mi columna;
duele, como una espina clavada
duele levantarse y sentir distante
el sudor de una frente cuarteada,
la vértebra alocada y absurda,
el músculo cansado de picar palabras.
Duele mirar hacia el frente
y ver solo eso, la rabia
de evitar reflejarse en el espejo
y contemplar miradas agotadas,
duele sentirse preso del calmante
libre en una cárcel de extravagancias,
practicar deporte sumergido
en una piscina de agua calmada;
duele, y mucho
ser lector de muchos libros
y cada día
menos protagonista de nada.

Soñamos en primera persona,
levantamos las persianas de los miedos
y recibimos la luz
que la realidad nos impone.
Imperfectos,
solo somos eso, dolientes
seres imperfectos hastiados,
inacabados y derrotados
siempre por el mismo enemigo:
El tiempo.

Y duele, duele mucho
arrancar la piel de tu cuerpo,
secar el sudor de viejos esfuerzos,
pasar las hojas del calendario
y arrojarlas, sin despecho
al baúl que nunca será recordado.
Así somos, y duele,
duele mucho,
escribir versos
y no recibir aplausos.

LLUEVE

Llueve,
despierto a bostezos mis sueños
con gotas de lluvia en mi ventana,
un día más,
el agua que refresca mis ríos
acude puntual
a la cita que el invierno demanda.

Ahogado en pesadillas,
salgo a los parques de mi infancia
ataviado con botas de agua,
chapoteo en los charcos de mis ilusiones
las fuertes pisadas que deja el tiempo,
reflejando en aceras mojadas
la dulce sonrisa de un niño
que juega a ser feliz.

Bajo un paraguas
escondo la timidez de mi adolescencia,
palabras
mojadas en sentimientos,
desamor
nadando en miles de versos
varados y a la deriva
en noches ausentes de sueños.

Llueve,
en miles de gotas
reflejo mi vida, tiempo
que ayer existió y hoy
solo permanece en mis recuerdos,
añoranzas traviesas,
sensaciones inquietas
que siguen compareciendo
en la ribera de mis miedos.

Llueve,
en charcos sombríos
se reflejan mis recuerdos,
esos,
que secarán sus lágrimas
en los veranos de otros tiempos.

NECESITO BUSCAR TIEMPO

Necesito buscar tiempo
para acariciar las letras
escondidas en multitud de versos,
necesito aparcar el cansancio,
dar tregua a la fatiga
fortalecer el ritmo pausado de los textos,
hacer un pacto con la noche, a solas,
que me deje seguir soñando
un poquito más
con las bellas historias
que en las hojas de mis libros encuentro.

Necesito buscar el tiempo,
entre palabras
cosidas a un burdo silencio.

VIENTOS QUE DESGARRAN

Como la necesidad de comprar aire en el vacío de una exhalación. Como el latido de un alma embriagada de nostalgia. Como la certeza de descubrir alegrías arrinconadas por la cólera de una tormenta. Versos que plañen y entre jirones dejan huella.

ENTRE ALGODONES

Es inútil que siga fingiendo.

Desvelo cada mañana los sueños
con la sonrisa puesta de revés,
desvisto de mi cuerpo aciago
el pijama de rayas que me regalaste,
peino mi pelo ondulado
mientras escribo imágenes
en el mustio jardín de mis pesares.
Subo las escaleras con prisa
pero pausada, una a una
voy contando respiraciones profundas
agarradas a una nueva incertidumbre...

La que nace cada mañana.
La que persiste en cada instante.
La que devora mis ganas
aunque siga mostrando agradecimiento.

Y lucho entregando en las trincheras
la última gota de paciencia
arañando con dificultad la esperanza
de poder abrazarte
y ver una sonrisa en tu cara,
de secar tus lágrimas atormentadas
en el trastorno del olvido.
¡Maldito olvido que enhebra
la aguja que cose tu lucidez!

Recojo entre algodones tu silencio
que, como una barca sin remos,
navega a la deriva de mi debilidad.
¡Hondo es mi pesar al verte
pero más profundo se me hace
mirarte y no tenerte!

QUIZÁS

Quizás existan muchas historias
que identifiquen tu nombre
con mi ausencia,
quizás encuentres poemas descosidos
rotos y maltrechos de dolor,
quizás el mordisco de tus sílabas ahuyente
la ignorancia de los cultos,
quizás el barco de papel que zarpó
en compañía de estériles estrellas
haya llegado extenuado
a incómodas papeleras, quizás...

Si encuentras veranos húmedos
sobre tu almohada,
dolor en las venas
bostezos en las entrañas,
quizás estés buscando las semillas
de un árbol sin palabras,
de un ciego atormentado
que al abrir sus ventanas
oscuridad encuentre
con las primeras luces del alba.

Quizás el origen de estos versos
esconda la llave de mis estrofas
pero quizás,
en algún instante de mi vida
quise construir castillos
en arenas fugitivas por el viento,
puentes amarrados a mentiras
que se desmoronan cuando la verdad
cruza con paso firme.

Quizá solo sea encontrar la belleza
donde no crece nada, quizás...

LA SIEMBRA COMIENZA EN TU INTERIOR

Reflexiona tu presente
con grandes dosis de humildad.

Divergen las nubes cuarteadas
tras el cristal de mi conciencia,
zigzaguean como gotas de vaho
sedientas de inconformismos,
serenas, entrenadas a pacificar
los abrazos que nunca se dieron,
que quedaron en el aire,
en la memoria de un porqué.

Si repasamos el libro de nuestro quebranto
hay un capítulo destinado a perdonar,
una meta azarosa por corregir
los errores que suscita nuestro ego,
soberbias aprendidas en la escuela
que levantan sus pilares
en la lujuria de nuestro rencor,
iras pendientes de una explicación,
envidias cargadas de simbolismos
como gigantes engullidos por su gula;
capitales retazos de afrentas
que redimen su culpa
bajo el consuelo de la almohada.

Si supieras remar agravios
a través de la luz de tu instinto,
si plantaras a diario un árbol
y regaras de coherencia sus raíces
serías generosamente obsequiado
con la amable sombra de sus ramas.

La siembra comienza en tu interior,
no lo olvides...

CÁNTICO A LA PENA MÍA

¡Qué verde era mi valle, madre,
mucho antes de la sequía!
¡Como gritaban sus flores
y bailaban sus margaritas!
¡Como cantaban los jilgueros
con la Luna ya dormida!
¡Como corría el agua
por las lomas de la serranía,
salpicando de amor a las mozuelas
que entre risas y cantares
bañaban su lozanía!

¡Qué verde era mi valle, madre,
qué triste la pena mía
de ver las raíces agonizando
por el sol del mediodía!
¡Qué pena, penita pena
tengo madre cada día
de mirar al cielo ilusionado
y sentir la ausencia de lluvia!

ESTÚPIDOS IMPERFECTOS

Amanece de nuevo
en el mundo de los imperfectos.
Las nubes deformes anuncian agua,
el viento encolerizado
vierte su furia elevando las hojas
del trémulo chopo al aire,
frío en las miradas que reflejan
los amorfos charcos de mi abrupta calle.
Pero, a pesar de todo, amanece
como cada día,
alumbra de imperfecciones un sol silente
escondido entre matorrales,
veo de nuevo pasar el tiempo
y correr a los estúpidos,
los estúpidos imperfectos que luchan
y ahogan sus penas en la fantasía
de ponerle nombre al horizonte.

Y vendrán, seguirán viniendo los titubeos,
silbará la duda ante tanta hipocresía,
nacerá de nuevo el hipocondríaco
el débil, el manco, el atolondrado
que riega las flores de inviernos
y esquía en los sudores del verano.
Y el profeta, el poeta y el asceta
cargarán de versos sus poemas,
y el mar con sus tempestades
moverá los barcos del misterio,
sincronía que avanza a las horas
que marca el reloj del tiempo.

Si miras a tu alrededor encontrarás,
agazapado a tus pies,
el imperfecto camino de tu estupidez;
si lo encuentras...
hazle sitio en tu interior;
quizás te salve
de morir en el intento.

PIDO PERDÓN

Si mío es este hondo pesar
imploro al destino que lo detenga,
que extirpe la raíz que hiere dentro
y deshoje la pena que me envenena.
Si mías son estas tristes miradas
mendigo perdón a quienes las padezcan,
que limpien el espejo con paños de olvido
y sequen el rastro que el dolor deja.
Si mía es la tinta de estas palabras
suplico borrar el pesar que las engendra,
vestir de colores los párrafos grises
y encajonar las tildes de sus afrentas.

Pido perdón por no haber absuelto
al justo que obtuvo injustas respuestas,
al viejo que cayó sobre el asfalto
intentando levantar mis penas,
al amigo que cegó sus ojos con la luz
que pedí prestada para alumbrar mi cueva,
al amor que dejé escapar
ofreciendo la llave de su condena.

Y a quien escucharme quiera...
Pido perdón por fecundar estas letras.

Y VOLÓ

Llevaba tiempo que no sentía su alma;
le diagnosticaron melancolía y
asomada al balcón de los atardeceres
despedía el vuelo libre de los pájaros
cada tarde de otoño en silencio,
sin pestañear ni fruncir su amargura,
inventaba días de luz
apagada por los ecos de su sombra,
siempre, día tras otro, huía del pasamanos
y cerraba su ventana hastiada de nostalgia.

Una noche dejó su infancia desnuda
y fue violada por el miedo. Atada
de pies y manos,
gritaba la mujer que parecía diferente,
la que recogía hojas del parque
para adornar las macetas sin flores.
No la vieron más en el rellano
ni escucharon sus risas aplacadas;
ataviados con trajes de socorro
entraron los bomberos en su casa,
sin prisas, con calma,
encontraron allí esparcidas
a los pies de su cama,
las plumas de una paloma
que al alba desplegó sus alas.

Y voló, claro que voló:
sintió un deseo y saltó
al vacío de la madrugada,
sin discursos ni despedidas.
Escuchó una voz, una llamada
entre el murmullo del gentío
que sin piedad en la acera se agolpaba.

RESISTIRÉ

Las cicatrices son marcas de superación que solo un verdadero guerrero posee. A Miguel Zafra, un gran luchador.

Nunca jamás costó tanto desenredar
esta madeja que arropa emociones
y enhebra sentimientos abrazados
en tupidos ovillos de dolor.
Difícil hilar a la sombra del desconsuelo,
a la vuelta de la esquina del suspiro
que exhala tu alma
cuando entiendes que solo los recuerdos
serán los que te hagan fortalecer.
Solo, sin saber hora, momento, ni lugar,
tu vida comienza a jugar una nueva partida,
un giro inesperado sin reglas ni atajos,
repleto de peligros y adversarios
que intentarán pertrechar tu existencia
para escoger solo un ganador.

Elige bien tus armas porque
ahora empieza el juego
donde tienes que comenzar a sobrevivir.
La lucha depende tan solo de ti.

Y observas obnubilado el horizonte
intentando enderezar tu mirada,
buscando en cada boca de metro
el nuevo rumbo que tomará tu destino.
Y sientes frío, pero de rabia,
ventisca que aprieta los labios
erosionando, a golpes de desconsuelo,
el poco margen que queda
entre la esperanza y la deserción.

Resistiré... lo dice la canción,
lo grita el comandante aguerrido
al frente de su pelotón,
lo llora el niño asustado
en la oscuridad de su habitación.

Resistiré como el ave que migra
y largo camino escogió,
lucharé apretando los dientes,
salvando los obstáculos
que el destino me atizó,
armaré de valor mi conciencia,
tomaré prestado un kilo de paciencia
y aguantaré los avatares de este juego
siendo un digno jugador.
Resistiré...
estudiaré la debilidad de mi enemigo,
defenderé mi nombre y apellido
y atacaré en el instante oportuno,
ese que me proporcione en la contienda
ser el justo vencedor.

Por ti, por mí, por ellos,
por todos los buenos momentos,
por esos amaneceres que quedan por descubrir,
por esas sonrisas que quedan por esbozar,
por esos besos y esos abrazos
esperando una nueva oportunidad,
por mi familia y mis amigos,
resistiré...porque por todo eso
vale la pena luchar.

ESENCIA

¿De dónde vengo?
Me pregunto cada mañana
mirando con recelo estas manos
por el eco del esfuerzo trabajadas.

Es el instinto a fuego perdido,
el olor a tierra prometida,
el sudor a sangre derramada
que hacen vulnerables los caminos
que describen mis sutiles pasos.
Más allá de las imágenes
que mi retina enhebra en sus sueños
se encuentran descalzos los ecos
de voces aún por escuchar.
Y llaman ... a la puerta del descaro
miles de ángeles sin alas,
cientos de tristezas pasadas
perdidas entre la multitud.

No hay dolor de donde vengo
ni miedo a donde voy.
Solo sigo el sendero de mi alma,
la voz que medita callada
mientras este cuerpo dolorido
juega al póker
acompañado por la voz ronca
de Bonnie Tyler en la radio.

Si tú me preguntas
¿De dónde vengo?
No te sabría responder...
Quizás del todo,
quizás de la nada.

ANUNCIO POR PALABRAS

Me gustaría parar el tiempo a mordiscos
y quitar las pilas al reloj
que cuenta por minutos los llantos y
las muertes de una guerra por horas.
Desearía hurtar el sonido a los tanques,
romper las alas del viento
que aloja alados rencores
cargados de injustas bombas.
Cargaría de gritos mi boca
y loca, loca, loca
inmolaría mi lenguaje de paz
en la avenida más céntrica de la tierra.
Y pum...
un arcoíris de buenas intenciones
saldría cada mañana
recién despiertos los sueños.

Doctor honoris causa...
embajador de paz en el mundo...
premio Nobel de la Paz...
políticos y diplomáticos... bla, bla, bla.
Personas, necesito personas para luchar
en el frente de los más débiles,
descalzos de mentiras,
desnudos de poder;
personas, necesito personas
unidas por un mismo sentimiento:
La paz.

Abstenerse encantadores de argumentos,
charlatanes de bonitos cuentos
y amigos de lo ajeno.
Sueldo: una bonita sonrisa,
una lágrima secada y
una mirada que da las gracias.
Interesados: llamar al teléfono del amor,
ese que cada uno
tiene grabado en su corazón
y a veces, muchas veces,
rescatamos del baúl del olvido.

SI DUERMO

Siempre tengo el mismo presentimiento:
si duermo, no creo, acuno
nanas con mis rimas y desvelo
los inoportunos sueños
que entregan su alma
a unos ojos hastiados de luz.

Si duermo, vivo encerrado
entre los barrotes del inconformismo,
entrego mi apellido al verdugo
que ajusticie el tedio que me invade,
bebo del manantial ebrio de sales
que sazonan las estrofas y secan su tinta.

Si duermo, ronco el cansancio,
relajo el tronco que me sustenta
y bostezo entregado en pesadillas
la última acción que obró mi vida.
Pero no vivo... si duermo, muero
por dejar de estar a tu lado,
sentir el latido de tus consejos
en el pecho oscuro que me envuelve.
Si muero, pervivo pero dejo de vivir,
respiro sin sentir tu fragancia,
yazco trémulo e inerte
esperando que el último tren de la noche
atropelle mi sueño y me libere.

No me gusta dormir porque
si duermo no creo,
solo me destruyo
y no me aconsejo.

Y DE REPENTE

Y de repente...
un escuadrón de aviones funestos
bramaron de furia sus alas,
convirtiendo el claro día
en una tenue noche cerrada.
Y de repente...
volvieron, tejiendo telarañas
una tarde de frío en la charca,
carraspearon motores inertes
abriendo escotillas de venganza.

Y de repente... cayó la sombra.

Madre, ¿ Que sombras son esas
que caen con punta de lanza?
    —Figuras que reflejan el odio
    de una especie mal llamada humana.
Madre,¿ Que pájaros son esos
que jamás vi en una jaula?
    —Dragones cargados de fuego
    que huelen a azufre y metralla.
Madre, acaricia mis manos,
besa mi frente y seca mis lágrimas,
que estas nubes oscuras de odio
afrentas esconden en su mirada.

Te arropo, te abrazo y te susurro
con la impotencia de las balas.
Sonríe, mi pequeño hijo,
pronto, muy pronto
reiremos a la esperanza.

Y de repente...el todo y la nada.
Una víctima más
de la especie mal llamada humana.

FAMA

No pretendo crear fama
ni intenciono aunar premios,
no deseo subir peldaños
en la escalera que a trazos
mide los malos
y buenos gestos,
no designo un aplauso ficticio
porque prefiero un gesto sincero,
una palabra bonita
que salga de una boca sin miedo.

Escribo tu nombre y el mío
en blanco papel de terciopelo,
historias que vida cobran al acercarse
la pluma al envejecido tintero,
remuevo el dolor que las musas
esgrimen cuando se rompen los versos,
retiro entregado en ideas
las leyes que rigen mi cuerpo.

Pero no, no pretendo hacer cátedra
escuchando siempre un buen consejo,
solo analizo la última sílaba pronunciada
y me derrito, embriagado en deseo.
Después la paz, el silencio
que dejan atrapados los mensajes
y enseñan el camino que nunca encuentro.

Alcanzar la gloria no es mi objetivo
solo es un matiz más
del esfuerzo que realizan mis versos.

TREGUA AL LLANTO

Es verdad que nos abordan momentos,
espacios de luz gélidos y apagados donde
las preguntas agotan sus interrogaciones
despidiendo sin finiquito a las dudas,
cerrando de par en par
la puerta de las respuestas.

Se agotan las ganas de tomar aliento,
de mirar el reloj parado en el tiempo,
las sonrisas mustias en el jarrón del lamento,
el dolor constante en el sillón del tedio.
Se hace infecto el aire de mi estancia
cargado de promesas arrojadas al viento,
cartas de esperanza en sobres blancos
océanos de dudas carentes de sellos.

Después, justo después
del desenfreno y la desmesura,
aún sin haber podido dar reposo
a las bravas aguas literarias,
llega la paz vestida de blanco,
nácar en la aguja, silencio inmaculado,
sueños que llegan sin haberlos invitado.

Arriban las primaveras pidiendo paso
al invierno remolón que reposó demasiado
en picos dormidos traen las aves
la paja del nido que harán bajo tu tejado,
encienden las luces de nuevo los nardos
apagando el calor que nos dejó el verano,
silentes las hojas deslizan su hábito
que la llegada del invierno vienen anunciando.

Y en la sola soledad de tu nombre
solo aparece la palabra encanto,
y en la sola soledad de tu pena
la amistad te ofrece sus manos,
un bálsamo cargado de aire fresco
que solo tú podrás insuflarlo,
el mejor remedio, sin lugar a dudas
para pedirle una tregua al llanto.

HOMBRE, HUMANO, RACIONAL

Armar de silencio una reyerta
es la forma más inteligente
de plantar cara al enemigo
haciéndole débil en la contienda.
No hay sigilo más agradable
que el que mece el viento cuando intenta
hacer al odio más vulnerable
por un abrazo entre colegas.

Sin embargo, aprendemos despacio
mal y con errores de ortografía,
aún no sabemos escribir el atajo
cuando muy envalentonados
mostramos nuestra gallardía
escogiendo el camino más largo
antes que reconocer nuestra osadía.

Hombre, humano, racional;
de todo esto...
tengo mucho que dudar.

SALTA EL AMOR POR EL ACANTILADO

Réquiem por unos versos que aman la inocencia, por unas caricias que buscan alojamiento, por unas miradas cómplices de abrazos, por unos pasos que se aproximan al acantilado y... el desamor.

AMOR IMPERFECTO

Sanaría la risa del consuelo
por un reflejo de tus ojos,
escribiría silencios con tinta permanente
y esperaría, entre sombras, que la noche
envuelva el halo que dejó otra madrugada
para poder contarte todo lo que deseo.

Amor... ¿qué es esto, amor?
¿Una tristeza que rellena los huecos
dejados por los lamentos?
¿Una partida en vez de un regreso?
¿Un artefacto que hiere más
que la ignorancia de un necio?
Amor ...¿porqué todo me sabe a tormento?
¿Porqué se secaron las lágrimas?
¿Porqué donde construimos puentes
ahora escombros encuentro?
Amor... ¿porqué eres tan imperfecto?

Volaron las mariposas de mi estómago
a serpentear su magia en otro cuerpo,
millones de colores y de ilusiones
que evaporaron sus alas al viento,
sonaron los chelos del olvido
con notas de esperanzas envueltos
quizás esperando el milagro
que sane las heridas que adolezco.
Amor...¿donde escondes los sentimientos?

Esperó tanto la primavera
entre algodones su sueño cubierto,
que cayeron las hojas marchitas
al suelo helado y trémulo,
partieron ya las aves migratorias
cansadas de retrasar su vuelo
en esperanzas primaveras
que conviertan el deseo en anhelo.
Y me cansé de esperarte, cielo,
hasta el último instante
hasta el último aliento.
Amor...¿porqué en vez de llamarte amor
no te llamas sufrimiento?

EFIGIE SIN ALMA

Una noche
soñé al borde de tus pesadillas,
deslicé con sigilo mis dedos
por el eco de tu acomodo, escarbé
la maltrecha tierra polvorienta
que dejaron tus recuerdos,
sentencié mi mirada lasciva
a la cruz del pecado carnal.
Te busqué, te grité pero
no te hallé.

Como partículas que fluyen a los vientos
se borraron tus pisadas
en el sendero de mi existir,
se apagaron las estrellas fugaces
en la tarta de la felicidad,
anhelantes deseos de amarguras
que callaron los gritos insatisfechos
de largas jornadas a tu lado.
Te busqué, te grité
pero no te hallé.

Solo,
acompañado por mis soliloquios,
rezo la sagrada escritura
que tus cartas dejaron en mi alma,
los versos que acompañaban mis días,
la tinta, triste y fría
que sostenía de melancólicas promesas
unos defectuosos ojos
bañados en ásperas lágrimas,
comprendiendo al mirar tu fotografía
que solo es eso:
papel arrugado en rabia.
Te busqué, te grité pero
no te hallé.

Amor...
¿ Que tengo que hacer
para que no te vayas?

NO DEJES DE SOÑAR

Volvió de nuevo el verano.
Regresaron sin prisas los recuerdos
achuchados por la nostalgia,
encendieron de candiles los versos
y acunaron, entre luces y sombras,
trazos que delimitan, a golpe de ternura,
vocales y consonantes cuando completo
la palabra **MADRE**.

Y mis ojos lloran el paso del tiempo
que sin piedad castiga al osado
que frente hace a su gallardía,
mis manos gritan cuando temblorosas
acarician las arrugas que dejaste por el camino,
mis pies avanzan con la celeridad
que mi corazón decreta para aliviar
el caminar incómodo que tus pasos,
lentos como viejos sin consuelo
van pidiendo luz en el horizonte.
Sombras, son solo sombras en la nada
que solo yo me atrevo a afrontar.

Pero mis recuerdos
te siguen viendo igual,
se siguen escondiendo entre las cortinas
demandando una caricia prematura,
regalando amor, dulzura, consejos
y despertando, entre agasajos,
los días que la vida me regalaba
cobijado en el hueco de tu corazón.

Así te veo yo, **MADRE**,
hermosa, joven, transparente
como los sueños de un adolescente,
sincera y tierna
como los bizcochos de chocolate
que nos preparabas por Navidad.

No dejes de soñar **MADRE**;
aunque los vientos se lleven las palabras
y la memoria haga las maletas
siempre quedarán los recuerdos
recostados entre las rejas de mi balcón.

30 VERSOS

He sido siempre de los que he pensado
que un poema bien versado
necesita de profundidad,
aunque a tiempo he llegado
para poderte demostrar
que con treinta versos solamente
un poeta aventurado es capaz
de tocar las nubes con sus rimas
y beberse, sorbito a sorbito,
la inmensidad del ancho mar.

¿Te lo demuestro? ...verás.

El suspiro que embriaga
la calidad de tus besos
lo incluyo en treinta versos
y me sobran la mitad.
El lamento que ocasiona
un rencor tenaz y arraigado
treinta versos me han bastado
para poderlo sanar.

¿Y el amor? ¿Donde está?
Te lo he dicho ya;
que treinta versos me bastarán
para venderte el mar
y salir contigo a navegar.
Mírame a los ojos y lo comprobarás.

¿Y la amistad?...entre poetas caminará
en este maravilloso lugar
acariciando el vuelo de las musas
que treinta versos alimentarán
con un abrazo de humildad.

LA NIÑA MARÍA

La niña María arrima
el frío badil a su ascua, remueve
antiguos recuerdos de niñez
junto a cenizas espolvoreadas
bajo las añejas enagüillas
de su estrecha mesa de sala.

La niña María exhala
tristes momentos de rabia, contempla
la placidez de su gata Lala, tendida
al calor que desprende la brasa,
ronronea su peculiar garganta
cuando la niña acaricia su pata.

La niña María reparte
la cena en platos de porcelana, invade
los charcos del patio aterida
y envuelta en un poncho de lana,
inventando carreras a media noche
entre cubiertos de hojalata.

La niña María sueña
bajo sábanas prestadas, un lecho
que acomode su cama, esgrime
dulces lágrimas mientras acompaña
los gélidos sueños de su tía enferma
entre tiernas y silentes añoranzas.

María, la niña sin alma,
enciende las velas de la esperanza, esconde
el placer bajo el pijama de rayas, esperando
asomada a su pequeña ventana
que el galán que la corteje
las llaves de su libertad portara.

Se hizo mayor la niña María
María de la Soledad la llamaban, aprendió
los grandes valores de la vida, engendró
tres bellas imágenes a su semejanza,
rompiendo con fuerza los eslabones
de las cadenas que antaño la ataban.

AHOGADO EN TÍ

Rara vez acercas los parpados al miedo;
no saben,
desconocen la clase turista de tu mirada
y ríen,
ejercitando de locura tus pestañas
aman
viven
sienten
como la violencia pasajera
aparca su ternura
pegada al bordillo de tu sinceridad.

¿Qué más quieres de mi sombra
si hasta en pretérito perfecto
sigo tus pasos ahogado en ti?

Entre los mortales de mis sueños encontré
una nota clavada en mis delirios:
necesito desconectar, amor...
rachas de viento pasaron por mi bahía
y desplegué velas hacia lo desconocido.
Si las tormentas destruyen mi alocado cuerpo,
tiraré de nuevo el anzuelo en tu mar.

Posdata:
Para volar utilizaría tus alas,
para reír usurparía tu sonrisa,
sin embargo...
prefiero dejar a un lado tu corazón
y recuperar sus latidos
cuando me llamen sus desvelos.

Te amo.

EN EL BORDE DE UN SENTIMIENTO

Hay un tiempo perdido
tras los recovecos de nuestro vínculo
que esconde las horas de agradecimiento
en una cajita llamada vida.
No hay sorpresas tras las tormentas
ni bravura en los desalientos,
calma, sólo calma en la llanura
que silencia los límites a nuestro amor.

Madre, una vez vi tu luz
en alguna parte de mi tiempo,
una sonrisa cálida alojada
en las mansas aguas de mis desvelos,
estrías de risas regaladas
firmaron, sin pedir a cambio nada,
el principio de nuestro acuerdo
para conocernos una tarde de verano
en lo que llamaron mi nacimiento.

Ochenta años por nuestro tiempo
y bonitos, bonitos y gratos recuerdos
colman hoy mi cabeza aligerada
de la ternura que noto cuando te siento,
cuando te escucho,
cuando te observo,
cuando intento ayudarte
en el torpe oficio de ser viejo.
Madre, que bonita palabra firmamos
en el borde de un sentimiento.

Espero,
en la dimensión eterna de esta vida,
poder seguir agradeciendo
ser una de las ramas de tu tronco
cuyas hojas alivien tus tormentos.

Feliz vida Madre.

RAZÓN DE MAS

Hay una esquina redondeada
justo al lado del sillón más incómodo,
un eje bifurcado en mil direcciones
cuya línea recta
fluctúa sin saber cómo.
Existen metas inalcanzables
escondidas en la imaginación de tus sueños,
lunas que salen de cañas y
soles que cantan boleros
escondidos tras las perchas del armario.
Tenemos docenas de te quieros
entre la lengua de un mudo arrepentido,
escarcha bajo las sábanas del viajero
que solo, en compañía de su destino,
enciende el cigarro de la fantasía.

Campos repletos de peces
que, a veces
riego con tierra árida,
buceo por los surcos que dejan las nubes azules
y miro, tras la barandilla de mi imaginación
cuán bonita e imperfecta es tu mirada
mientras juegas con mis pechos
cuando hacemos el amor.

Razón de más para tenerte y dejarte
colmar mi garganta de odas
colgadas en un tendedero azul, saciarte
de halagos con sombras impuestas,
nombrarte y sentir de lleno el olvido
asomado al escaparate de la tienda
donde vendías las falsas ilusiones.

Más razones que destinos
dejo aparcados junto a tu puerta,
más sinónimos que adjetivos declamo
y brindo con vino de mi tierra,
razón de más para olvidarte
y querer tenerte cerca.

ALTIVOS QUIJOTES SIN MONTURA

Es medianoche en mi atardecer.
Solo un rayo de cordura
desviste de nuevo mi cama,
entre la almohada
sangró de nuevo la ausencia
vestida de impaciencia,
enhebra el lazo que entre risas
adornaron tus caricias
alojadas en mi desván.

Aún recuerdo
ataviado de dudas,
cuantos abrazos se marchitaron
sedientos de noches oscuras,
furtivas carreras tras la sombra
de una flor que mustia deshoja
los pétalos de su amargura.
No hay agua tibia que alimente
la aflicción que embarga mi alma
y tras mi pena se detiene,
arañazos ocultos de desconsuelo
que ahora, entre sollozos
aparecen colgados en mis sueños.

Fuimos, somos y seremos
volátiles náufragos eternos
en un mar de desventuras,
viajeros de escaso equipaje,
amantes sin miedo a equivocarse
en la frágil línea del amor,
altivos quijotes sin montura
que admiten padecer su locura
entre los miedos de su pasión.
Niños, somos niños sin esfera
ni tiza que pinte barreras
contra la desesperación,
reincidentes, viejos colegas reincidentes
que atracan el banco de su alma
para implorar un justo perdón.

Es medianoche en mi atardecer
y la luna espera tranquila mi consuelo.

ESA MÁGICA PALABRA

Recurro siempre al amor
cuando busco la huida de mis sílabas
atropelladas por una añorada inspiración.
No falla...
Siempre vuelven a mi redil
escarchadas por el vaho de la partida,
a veces despistadas
otras cargadas de nostalgia
y algunas ebrias de sutileza,
aparecen entre difuminados renglones
injertadas entre turbios esbozos.
Vuelven, vuelven de nuevo
los trazos acelerados,
los borrones impregnados de lírica,
el ahora pongo y luego quito,
la frase estúpida que cae en gracia.
Regresan tropezando ideas
torpes, haciendo malabares
retornan las palabras a su tierra,
blanca campiña que las vio nacer.

Recurro siempre al amor
o al desamor, no falla...
porque por encima de tu hombro,
más allá de la vista
que tus ojos atrapan,
te espera dormida entre sueños
la armonía de esa mágica palabra:

AMOR

ROSA VENGANZA

Déjame un minuto a solas...

Hubo un silencio
acostado en su mejilla,
una rúbrica, un ademán,
un intento de decir adiós
que solo quedó grabado
en la memoria de los cobardes.

Menguaba la luna partida
en trozos de quebranto esa noche,
volaba sin alas
el indicio de retenerte
arrastrado por tu sombra.
Quise amar como nunca
y lamentarme como siempre.

Extensa es la llanura de penas,
infinito el flexo que deslumbra
los trazos de mi cordura,
mudos de compasión los lamentos
que mendigan un trozo de perdón.

—Es tu apuesta, no la mía.

Y se marchó con la sonrisa
pintada de rosa venganza.

PURA FANTASÍA

La clave está en apurar las frases
y esconder sus mentiras
tras sus signos de puntuación.
Eso debió pensar el atrevido infiel
tras restregar sus masculinas vergüenzas
por el aliento pretencioso
de unos labios deseosos de pasión.

Cortos son los pasos de la falacia,
débil es el vuelo de la patraña,
astuto consigue el inspector de argucias
poner fronteras a su propio engaño,
cercar de indiferencias una alambrada
que acorta los límites de la confianza.

En la esquina redondeada de la imperfección
un joven promiscuo espera su pecado,
asido a un burdo complejo de culpabilidad
labra con renglones torcidos
un huerto de tierra fértil
abonado de remordimientos,
que, tarde o temprano
dará sus primeros frutos.

El amor,
escondido tras el cristal opaco,
oculta su pasión
bajo el prisma de unos ojos deprimidos.
Realidad o ficción,
todo depende del ángulo
y el enfoque del espectador.

El resto es pura fantasía.

LUCES Y SOMBRAS

Destapo la tupida venda de la incoherencia para alumbrar la mañana con salmos de alegría. Dolor que convierte su genética en palabras exentas de ruido. Silencio, escucha el silencio que atormenta la duda de tus reflexiones.

SOMBRA

Camino dando saltitos;
perfumo el ambiente invernal
con cada bocanada de aire
que mi aliento regala al viento,
llevo mis manos a buscar
lo más intimo de mis bolsillos
que, abrigados de cobijo, conceden
tregua al invierno, ese blanco velo
que nos regaló un atardecer más.

Y sigues estando ahí, siempre ahí,
sentada en la otra punta del banco,
aupada en lo alto de la tapia.
Ahí, siempre ahí, como los miedos,
como la nostalgia de un amor verdadero,
como las risas bañadas en terciopelo,
sigues visitándome cada amanecer
y me preguntas sin demora
¿Cómo fue la noche?
¿Qué tal se portaron los sueños?
¿Quién visitó mi cama
y despeinó las arrugas de mis sábanas?

Te miro y callo; —vieja
celosa— que confundes la
amistad con una burda necesidad.

Y te ríes de nuevo; tonta,
me conoces desde siempre,
ya lo sabes, me conoces
me disfrutas, me confundes
y, a veces, me equivocas
con tus desaires y tus decrépitos
de vieja anciana del lugar,
estrellas fugaces que delimitan
y mojan en whisky tu ansiedad.

Jamás creas, astuta amiga
que podrás robarme el alma,
tan solo serás como mucho sombra;
una imperfecta figura sin peso
ni sonrisas en la cara.

POETAS

Padre; ¿Qué es ser poeta?
Preguntó el niño mientras miraba
a los ojos cansados de su progenitor.

La poesía camina descalza
buscando, escondida entre verdades,
inquietudes y necesidades
que vistan los versos de elegancia,
que den color a los fríos amaneceres
y rieguen de belleza
los atardeceres de nuestro universo.
La poesía arrulla la noche
cuando las letras cortejan la luna
y duermen, enceladas de vida
las historias que cuentan los sueños.
La poesía abrillanta el cristal
que empañan los necios,
abre la puerta a los libros
cierra el ocaso de los tercos,
adorna las silabas en estrofas
que bailan al vaivén del misterio,
sonetos que proponen primaveras
convertidos en otoños inciertos.

Poeta;
ese ser de ojos claros
de dulces miradas
y penitentes agravios.

Poetas;
millones de poemas que fluctúan
y cada cual añade su significado.

LA VISITA

Ayer vino el diablo a visitarme.
Pude oler el miedo,
sentir su color oscuro
y escuchar
su furia agreste
en las notas pétreas que perfilan su cara.
Confundirme pude en una transparencia
alineada en la estrechez de su rabia,
rasgar el efluvio de su aliento,
desgarrar la intransigencia
que pinta en su óleo venganza,
coger el timón del velero,
desplegar velas
izar banderas
y elevar anclas,
insuflar el aire de mis aciertos
y lanzar a los cuatro vientos
la angustia que quiso ser mi amada.

Ayer vino a visitarme el diablo;
mal momento escogió
para perder una importante batalla.

TRINIDAD

Se llamaba Trinidad.
Con ese nombre bauticé la pena
que escondía monosílabos
en las noches de luna llena.
Trinidad, llegué a nombrar todas las veces
que mis lágrimas perdían el rumbo
y morían en un frío pedestal.

Estuve a punto de inclinarme;
intenté marcarme una reverencia
a su comedida ansiedad.
No quiso salir en la foto,
no quiso abandonar la latencia
que dejaba marcas de insomnio
en su imperfecta moralidad.

Trinidad; la llamaba Trinidad.
Huérfana de padre,
encontró pronto la lealtad
en un hombre perdido,
libre sin libertad,
cansado y aturdido
como la alondra que busca cobijo
ante la impronta oscuridad.

Trinidad. ¿Quién me llama?
Si me deseas,
esperando estaré
en el balcón de tu soledad.
Trinidad extiende las alas,
eleva el vuelo y izas!...
esclava es de tu bienestar.
Aquí me encuentro, para quedarme,
si me haces tuya
pronto te haré llorar.

¿Cómo le pusiste a la niña?
preguntó una señora
curtida en años y maldad...
Trinidad, respondió la tristeza
como los pétalos mustios de una rosa
recién cortada del rosal.

LAS CINCO ESQUINAS DE LA FELICIDAD

Entre fragmentos de nubes
pintados a brochazos rotos duermen
mis risas embadurnadas de colores
y vestidas de púrpura y nácar, felices,
siempre dispuestas a bailar con las notas
que dejan tus ojos cuando miras
cargado de sonrisas,
como contonean tus halagos
cuando acercan su aliento
a las cinco esquinas de la felicidad.

Existe un lugar cargado de soles
donde paramos el tiempo de las derrotas,
un camino que hacemos a diario
junto al río de nuestras emociones,
un puente pétreo y consolidado
que cruza fronteras de odio
y cielos de bravas mareas.
Mirar a los ojos de las imperfecciones
abre la puerta del paraíso.

Y yo me pregunto...
¿porqué redondear las esquinas de mis risas?
precipitándome cada mañana
a insuflar el aire que me dejaste
cuando aún eras feliz.

INSPIRACIÓN

La tengo. La tengo en mi mano
y no logro retenerla,
entre dedos rotos por los años
se escapa sin premura y vuela,
vaya que si vuela, surca las nubes
que ayer me dieron agua
y hoy pintan un lienzo
de colores apocados y medrosos.

Y es que no tengo cadenas,
no existen cárceles con paredes
que sepan callar tu talento,
busco en el cajón dormido de mi vida
y no hay palabras que atrapen tu vuelo,
cierro el libro abstracto de mi niñez
y solo encuentro firmas trabadas.
Nada, ni nada ni nadie
vio tu última parada frente a mi mirada,
ni un búho en noche cerrada
ni un sereno cerca de la alborada
tuvieron la suerte tan cerca
como el guiño que hizo la luna
a su amada madrugada.

Callo y me susurras,
río y me retienes, escuchas
con silencios absortos mis brisas
que airean sin temor mi mente.
Se apagan las velas. Cae la luz de mis ojos
sobre la sombra de tus dudas.
¿Quién eres? Me preguntaste...

Solo soy
una ola pegada a tu barco.

SONRISA ECLIPSADA

Fue un parto entre lágrimas.
Sin sonrisa, nació desnudo de carcajadas.
Ausente de alegría, recibía
cada seis de enero
a los reyes con sorpresa, despierto
de emociones, gemía su momento,
y luego, callaba y jugaba
sin mostrar alegría
el niño que nunca sonreía.

Martín, Lucas y Simón,
todos tarareaban la canción
que hacían protagonista al pirata
que robó las risas de nácar,
todos menos uno, el niño
que nació desnudo
y bebió el agua
de tristeza impregnada.

Embriagado de alcohol,
empapaba su juventud
en whisky barato de garrafón.
Solía escribir rimas al amor,
pero sobre todo, al desamor
que siempre tuvo
y jamás comprendió.

Ahora, versos escribe a mano,
tinta en trozos de suspiros escapan,
declama poemas sin nombre, el hombre
al que ahora todos llaman...

Poeta. Imperfecto eclipse
que bordea el espejo del alma.

ME GUSTA

Me gusta contar historias,
crear personajes de seres inertes,
enredar el musgo de mis versos
en párrafos llenos de vida, me gusta
dar forma a mis ideas,
poner nombre a mi estilo, regar
de sentimientos una trama muerta,
me gusta cubrir con poesía
la madriguera del tedio,
sanar las heridas que la mala ortografía
dejan en estrofas perdidas al viento.

Me gusta crear, imaginar, dar vida
recrear y humanizar mis sílabas
al hablar de guerras, odio
cuando descubrimos,
¡a veces descubrimos!
la imperfección de nuestros actos,
la violencia de nuestra mirada,
la inquina y destrucción
selladas a un compás
que siempre gira en la misma dirección:
el más débil.

Me gusta
enlazar ideas con sus notas,
insuflar el aire que necesito
para seguir caminando
y dar forma a mis proyectos.
Me gustas tú,
me gusto yo
incluso me gustan
las falsas apariencias
que desvela tu mirada
cuando haces el amor
y después callas.

FELICIDAD

No hallamos mas desafinado un piano
por encumbrarse de polvo en el tiempo,
quizá sus teclas vivieron la gloria
de ilustres manos que lo acariciaron.
No es menos fructuosa una tierra
ajada de perennes barbechos,
quizá tuvo el afecto de muchos frutos
que regaló con pasión a la mesa.
No es más rico quien más caudal maneja
ni más sabio quien adoctrinado vocifera
porque hay pobres que poco conforman
y menos necesitan para aliviar sus penas;
solo un minuto de paz
tiene más valor que cien reyertas.

La fama, esa efímera hoguera de humo
que arrecia el viento según convenga,
es papel couché para mentes confusas
que olvidan unas sencillas reglas...

Respeta la osadía del valiente,
valora la opinión del contrario
y cuando todo eso tengas en cuenta
opinarás sin desprecio ni menoscabo.

Ser feliz es de mentes humildes
que no requieren de estudios ni postgrado.

QUE DIGAN LO QUE QUIERAN

Dicen que estoy triste,
que pienso triste, hablo triste;
incluso los sueños
se acurrucan en sábanas bordadas
con hilos de dolor.

Dicen que estoy triste,
que camino en la acera
opuesta a la felicidad,
que la palabra alegría
huyó de mi diccionario,
que escondo mi sonrisa
tras un candado cuya llave
perdió el norte en una encrucijada.

Dicen que estoy triste,
que mi amanecer siempre es oscuro,
que mi luz se apaga en días claros,
que pasan inadvertidos, mitigados
los años en mi calendario,
que hablo por no reír
y lloro por llorar.

Dicen que estoy triste.
¡No lo creo! ¡No es cierto!
Solo son habladurías de gente sin alma,
rencores y envidias sin fundamento
que me ven meditando en silencio
la pena que mis propósitos derraman.

—Dicen que está triste—
Murmuraba el gentío por la calle
cuando la tristeza veían pasar.

ENTRE LA NIEBLA

Entre la niebla,
vacía me dejó la despensa de las dudas
el ladrón que perseguía mis sueños
y astuto,
deshabitó de sonrisas la tenue llama
que alumbraba un corazón sin aliento.
Y después...se hizo la nada,
un limbo que entre cañaverales
jugaba al escondite orientando
su mejor traje hacia el norte de mis deseos.

Dejé escapar mi sonrisa
entre la niebla,
leí el epílogo de mi novela
entre hojas en blanco, vacías
y prestas por saber encontrar
el enigma de esta desazón.
Entre la niebla,
mojado por la densa capa de incertidumbres,
perdí el miedo de la inocencia
y subido en una avioneta de colores
despegué.

Y comprendí que no hay mejor desorden
que el orden que dejan las gotas de rocío
al acariciar tu rostro entre la niebla,
así, mojados de bellas palabras
recibimos la edad empapados de miedo,
percibimos los momentos entre conjeturas,
acariciamos los problemas y amamos
entre la niebla
el paso que los años nos regalan
entre suspiro y suspiro.
Y morimos, también compungidos,
cuando la densa niebla
desaparece por un manto de dolor.

Así somos, y así escondemos a veces,
entre la niebla,
las traiciones que nos hacen ser humanos.

EL OTRO LADO

Camina con sigilo la vida
colgada de un hilo imaginario,
avanza el péndulo de los años
por el rescoldo de mis actos,
delinea la brisa su figura
empapada en miserias y llantos
esperando que
al otro lado,
caiga de nuevo la noche,
aúlle mi lobo imaginario,
sonría mi vieja araña,
la maestra en tejer espantos,
pendida de savias lecciones
hendida en miles de agravios,
tejiendo con hilo de seda
la trampa donde morirán mis pasos.

Al otro lado,
la vida fluye
en miles de escenarios.

LOS MIEDOS DE TU PUERTA

A todas las personas que sin saberlo,
cada mañana, barren en silencio
las penas que esparce el alma,
llenando montones de suspiros
en mustios recogedores de esperanza.

Divergentes son las sensaciones
que postulan su tesis cada día,
eufóricos celebramos los reencuentros
que tristes nos dejan las despedidas,
giramos y rodamos
entre muecas y sonrisas
la piel que habita en nuestro cuerpo,
un bálsamo que nos envuelve,
un préstamo que nos da la vida.

Barría cada mañana de tristezas
la puerta un alma desangelada,
manteniendo en secreto sus penas
que a voces gritaba su cara.
¡Calla, maldita inocencia!
se decía en voz baja,
desafinando entre sollozos
las graves notas de su garganta.
Pasó sin hacer ruido el abrazo
y fijó su mirada en la pena,
comprensible pero amistoso
tendió un puente entre la niebla,
y poco a poco fueron fluyendo
las risas tras la tormenta.

Qué decir tiene si la fuente de la vida
es más frágil y limpia
que la verdina seca.
Qué decir tiene que tras esta mirada
fugaz entre el viento
volvió a nacer un poema.

Ya lo sabes... dijo el abrazo
te ofrezco mi brisa clara
que ayude a barrer
los miedos de tu puerta.

¡PREGUNTAD POR MÍ!

En algún lugar de vuestro olvido me encontraréis,
entre las historias que enmarcan vuestros recuerdos
me encontraréis,
apostillando con ahínco las palabras incorrectas de la
[vida
me encontraréis,
en vuestra onerosa acción de sanar remordimientos
me encontraréis,
frente a vuestros miedos,
vuestros odios
y vuestras fobias
habrá un lugar en mi pecho
donde siempre me encontraréis.

No es difícil buscar un grano dorado
en un pajar humedecido de rencor,
ni laborioso sembrar amistades
ungiendo la tierra
con lágrimas bañadas en derrota,
tampoco el ave rehúsa volver a su nido
aunque las tempestades
le bañen las alas,
ni el sol, oculto
por las necedades del hombre,
esquiva sin contemplaciones
la invitación de un nuevo amanecer.

Me encontraréis, allí estaré
subido en vuestros resentimientos,
en vuestras envidias,
en vuestras vanidades
intentando siempre domar
con riendas plateadas
y espuelas forradas de intenciones
al potro desbocado que lleváis dentro.

También suelen encontrarme
alojado en el remansado cauce
del río de vuestra felicidad;
allí me encontraréis también.
¡Preguntad por mí!
Os recibiré
con una sonrisa en la cara
y una tacita de café.

INDICE

PRÓLOGO..1

HABLEMOS DEL TIEMPO.............................13

DEL PASO DEL TIEMPO............................15
MIRADAS...17
VERSOS QUE ME PIDEN PASO...................19
UNA HORA..21
DICEN LOS VIEJOS................................23
EL TREN DE TU MIRADA.........................25
NACEN LOS POETAS EN JULIO................27
REGALOS...29
TRAS EL CRISTAL.................................31
DÍA DE OTOÑO....................................35
EL DÍA QUE DIJE NO............................37
DUELE, Y MUCHO.................................39
LLUEVE..41
NECESITO BUSCAR TIEMPO...................43

VIENTOS QUE DESGARRAN.......................45

ENTRE ALGODONES...................................47
QUIZÁS...49
LA SIEMBRA COMIENZA EN TU INTERIOR.........51
CÁNTICO A LA PENA MÍA.............................53
ESTÚPIDOS IMPERFECTOS............................55
PIDO PERDÓN..57
Y VOLÓ..59
RESISTIRÉ...61
ESENCIA...65
ANUNCIO POR PALABRAS............................67
SI DUERMO...69
Y DE REPENTE...71
FAMA...73
TREGUA AL LLANTO....................................75
HOMBRE, HUMANO, RACIONAL.....................77

SALTA EL AMOR POR EL ACANTILADO.....79

AMOR IMPERFECTO....................................81
EFIGIE SIN ALMA.......................................83
NO DEJES DE SOÑAR...................................85
30 VERSOS..87
LA NIÑA MARÍA...89
AHOGADO EN TÍ...91
EN EL BORDE DE UN SENTIMIENTO.................93
RAZÓN DE MÁS..95
ALTIVOS QUIJOTES SIN MONTURA.................97
ESA MÁGICA PALABRA................................99
ROSA VENGANZA.......................................101
PURA FANTASÍA..103

LUCES Y SOMBRAS.....................................105

SOMBRA.....................................107
POETAS.....................................109
LA VISITA.....................................111
TRINIDAD.....................................113
LAS CINCO ESQUINAS DE LA FELICIDAD.............115
INSPIRACIÓN.....................................117
SONRISA ECLIPSADA.....................................119
ME GUSTA.....................................121
FELICIDAD.....................................123
QUE DIGAN LO QUE QUIERAN.....................125
ENTRE LA NIEBLA.....................................127
EL OTRO LADO.....................................129
LOS MIEDOS DE TU PUERTA.....................131
¡PREGUNDAD POR MÍ !.....................................133